Milet Publishing
Smallfields Cottage, Cox Green
Rudgwick, Horsham, West Sussex
RH12 3DE England
info@milet.com
www.milet.com
www.milet.co.uk

First English–German edition published by Milet Publishing in 2013

Copyright © Milet Publishing, 2013

ISBN 978 1 84059 825 4

Original Turkish text written by Erdem Seçmen
Translated to English by Alvin Parmar and adapted by Milet

Illustrated by Chris Dittopoulos
Designed by Christangelos Seferiadis

Printed and bound in Turkey by Ertem Matbaası

My Bilingual Book

Taste
Das Schmecken

English–German

Close your eyes, taste this drink . . .

Schließe die Augen und probier' einen Schluck . . .

Water or soda, what do you think?

Stilles Wasser oder Sprudel, wie ist Dein Eindruck?

How do you know which one it is?

Wie kannst Du wissen, was von beidem es ist?

Do your mouth and tongue feel a fizz?

Durch das Prickeln auf der Zunge und im Mund weißt Du es gewiss!

Your mouth and tongue let you taste drinks and food.

Durch Zunge und Mund werden Getränke und Essen zum Gedicht.

They tell you what tastes bad and what tastes good!

Sie sagen Dir, was schlecht schmeckt und was nicht!

Your taste senses bitter, sour, sweet,

Bitter, sauer und süß kannst Du leicht erkennen,

and salty, like the crackers you eat.

auch salzig, Cracker sind dafür als Beispiel zu nennen.

Some like the taste of chocolate best.

Schokolade ist von vielen ein Leibgericht,

Most like the taste of medicine less!

und den Geschmack von Medizin mögen die meisten nicht!

It's fun to think about yummy sweets,

Es ist schön, an leckere Süßigkeiten zu denken,

but eating too many is bad for your teeth!

aber Deinen Zähnen zuliebe solltest Du deren Verzehr beschränken!

Foods like peppers can be so hot!

Sehr scharf können Peperoni sein!

Your taste will tell you to eat them or not.

Dein Geschmack hilft Dir entscheiden – lass sein oder beiß rein.

Some tastes go together and some really don't mix,

Manches passt zusammen und anderes funktioniert nicht,

like that banana and cheese sandwich you are about to fix!

Bananen mit Käse auf Brot sind kein leckeres Gericht!

These delicious fruits deserve a nibble.

Die frischen Früchte sehen zum Anbeißen aus,

They're good for your body and irresistible!

sie sind unwiderstehlich und gesund sind sie auch!

Trying different foods makes your taste sense grow.

Probier' vieles aus, Dein Geschmack lernt dazu,

Your world gets bigger, the more foods that you know!

eine Reise um die Welt geht auf dem Teller im Nu!